Préface

Enfouis dans sa mémoire et son subconscient se trouvaient les souvenirs bouleversants de son Vercors. Longtemps il a tout fait pour ne plus y penser… mais ce n'était pas possible.

Puis Brice, Cyril et Nicolas, ses trois petits-fils, et ses deux filles, Marie-Christine et Élisabeth, l'ont aidé à parler.

Pour ne pas les décevoir, pour que l'on se souvienne de ses frères de combat, morts à ses côtés. Il avait le sentiment d'avoir survécu à l'acharnement nazi pour remplir un devoir, celui de parler aux jeunes des sacrifices consentis par les résistants. Les nazis leur ont pris la vie mais Reymond, par sa détermination, a rendu la parole aux combattants pour servir leur mémoire et la liberté.

Coline Serreau

Norma - Franck Poireau

À 18 ans sous les balles

au Vercors

ÉDITIONS DU SIGNE

Éditeur :
Éditions du Signe
1, rue Alfred Kastler - Eckbolsheim
B.P. 94 - F-67038 Strasbourg Cedex 2
Tél. : 03 88 78 91 91
Fax : 03 88 78 91 99
www.editionsdusigne.fr
E-mail : info@editionsdusigne.fr

Scénario :
Norma

Dessinateur :
Norma

Coloriste :
Franck Poireau

ISBN : 978-2-7468-1984-9
Dépôt légal 4e trimestre 2007

Imprimé en Chine

LE 1ER SEPTEMBRE 1939, LA SECONDE GUERRE MONDIALE EST DÉCLARÉE.
BK CJ
BK BJ
BK JJ
BK KJ
LE 17 NOVEMBRE, POUR LA PREMIÈRE FOIS, LES SIRÈNES DES USINES DE ROMANS DONNÈRENT L'ALERTE.
JE ME NOMME REYMOND TONNEAU. À CETTE ÉPOQUE J'AVAIS 13 ANS ET 4 MOIS...
ÇA Y EST, ILS SONT LÀ! HITLER VEUT CONQUÉRIR LE MONDE!... LA LIGNE MAGINOT NE TIENDRA PAS... IL FAUT SAVOIR LIRE ENTRE LES LIGNES!...
MON GRAND-PÈRE, MARIUS GAY (QUE NOUS APPELIONS «PÉPÉ GAY») AVAIT L'HABITUDE DE COMMENTER LA POLITIQUE. IL NE SE TROMPAIT JAMAIS ET J'ADMIRAIS SA CLAIRVOYANCE PRÉMONITOIRE...
HOMME DE GAUCHE, AUTHENTIQUE LIBERTAIRE, IL ÉTAIT AUSSI MON PARRAIN.

MÉMÉ GAY, SON ÉPOUSE, AVAIT EU ONZE ENFANTS. PREMIÈRE LEVÉE, DERNIÈRE COUCHÉE, ELLE SE CONSACRAIT ENTIÈREMENT À SA FAMILLE.
BONJOUR, MES ENFANTS !...
ILS HABITAIENT PRÈS DE CHEZ MES PARENTS. NOUS ALLIONS MANGER CHEZ EUX LE DIMANCHE...
J'AVAIS DEUX FRÈRES : FÉLIX DIT « ZIZOU », DE DEUX ANS MON AÎNÉ ET JEAN-CLAUDE, NÉ EN 1937.
C'EST DU VIN 100 % NATUREL !... LA PREUVE, C'EST MOI QUI LE FAIS !
HA ! HA ! HA !
MON PÈRE TRAVAILLAIT À L'UNITED SHOE MACHINERY QUI LOUAIT DES MACHINES AUX FABRICANTS DE CHAUSSURES DE LA RÉGION.
MA MÈRE, SOUVENT SEULE À CAUSE DES DÉPLACEMENTS PROFESSIONNELS DE MON PÈRE, NOUS ÉLEVAIT EN VRAI CHEF DE FAMILLE...
AVEC LA GUERRE, LE TEMPS DES PRIVATIONS NE TARDA PAS À SE FAIRE SENTIR.
LE NOMBRE DE PLATS EST LIMITÉ, MADAME. DÉSOLÉ !...
AUJOURD'HUI JOURNÉE SANS ALCOOL.
LE RATIONNEMENT DU CHARBON NOUS OBLIGEAIT À ALLER CHERCHER DU BOIS DANS LES COLLINES.
PARFOIS LA FAIM NOUS A POUSSÉS À VOLER DU PAIN...

Dès le mois de mai, des réfugiés venus de Reims arrivèrent à Romans.
Les éclaireurs unionistes, dont je faisais partie, leur portaient autant de réconfort que possible...
Le 17 juin 1940, le maréchal Pétain, chef de l'État français, demandait l'armistice.
On ne peut pas laisser faire ça sans réagir !!!
Il faut se révolter !!!
Ainsi se terminait pour nous le temps de l'innocence !...
Le 20 juin, après le passage de 70.000 soldats français revenant de la ligne Maginot...
... le maire de Romans donna l'ordre de faire sauter...
BRAOUM
... le Pont Neuf...
... ainsi que le Vieux Pont...

... ET LE BARRAGE, FAISANT DE L'ISÈRE UNE FRONTIÈRE NATURELLE QUI STOPPA L'AVANCÉE DE L'ARMÉE ALLEMANDE.
LA GUERRE ÉTAIT CHEZ NOUS !...
MK+13
LE 21 JUIN, TOUTE LA POPULATION DUT QUITTER ROMANS.
LES RARES AUTOMOBILES AYANT ÉTÉ RÉQUISITIONNÉES DÈS 1939, CE FUT UN FORMIDABLE DÉFILÉ DE VÉLOS.
UNE COUSINE DE MÉMÉ GAY AVAIT ACCEPTÉ DE NOUS RECEVOIR.
LE 22 JUIN, ALORS QUE LE MARÉCHAL PÉTAIN SIGNAIT L'ARMISTICE, LES TROUPES ALLEMANDES ENTRAIENT DANS ROMANS...
MAIS L'ARMÉE FRANÇAISE REFUSAIT DE SE RENDRE !
4

Résistance aussi héroïque qu'inutile : le 26 juin, tout était consommé...
À Mr le Maire de Romans. Ordre de faire revenir toute la population de la ville....
Nous avions retrouvé notre maison intacte et la ville occupée.
Combien de temps encore devra-t-on supporter leur arrogance ?
Ils devraient pourtant partir : nous sommes en zone libre !..
Tandis que le gouvernement de Vichy s'enfonçait dans la collaboration et imposait sa propagande...
Maréchal... nous voilà !
... le général de Gaulle, depuis Londres, appelait à la résistance.
B.B.C.
Les restrictions devinrent draconiennes...
Il faut des cartes de rationnement pour tout à présent !
Et pour avoir presque rien, en plus !..
Charcuterie
Allons, madame, les temps sont durs pour tout le monde !.. Faites confiance au maréchal !..
Fin août 1940, des anciens combattants furent recrutés pour former la légion qui avait pour mission de faire l'éloge du maréchal Pétain.

*Authentique...

Je me trouvais vite une autre raison...
J'ai piqué ces rouleaux de papier collant chez Belle et Rocher !..
Que comptes-tu en faire ?
Le soir, à l'imprimerie, j'ai fabriqué des tampons «Vive de Gaulle»... et le papier servira à imprimer des tracts...
On s'en souviendra de tes tampons «Vive de Gaulle» !
VIVE DE GAULLE
Juin 42 : je travaille à la fabrique de chaussures Fénestrier...
J'y retrouvais mon ami Jean Cheval.
C'est scandaleux, Reymond !
Tu as vu ? Les juifs sont de plus en plus inquiétés !
Je sais, Jean... Mais le pasteur Fabre organise leur passage en Suisse !
Le pasteur Fabre était le fondateur de la section romanaise des Éclaireurs unionistes.
Vous serez chargés du transport de leurs bagages afin de ne pas attirer l'attention du S.O.L. !
Fin 42, le S.O.L. organisa un congrès à Amphion-les-Bains, tous frais payés. Nous y participâmes sous le contrôle du pasteur Fabre.
Y'a du monde !...
Et il va falloir subir trois jours de conférences vantant les mérites de la collaboration !
Vivement cette nuit !

ATTENTION ! PAS DE BRUIT ! IL Y A DES PATROUILLES ALLEMANDES !
ET LA DERNIÈRE NUIT...
TEUF TEUF
TEUF
LES BOCHES ! ILS NOUS ONT REPÉRÉS !
PAW TACTAC
PAW
NON, ILS TIRENT AU HASARD !...
TACTAC TACTAC TAC
N'AYEZ PAS PEUR, NOUS ALLONS NOUS EN SORTIR !
CE FUT UN FORMIDABLE GYMKHANA AU MILIEU DE LA MITRAILLE.
TAC BLAM PAW TACTAC TACTAC TACTAC TAC TAC BLAM PAW PAW
NOUS QUITTÂMES LE CONGRÈS APRÈS UN DERNIER PIED DE NEZ AUX COLLABOS :
UN TRACT DE « VIVE DE GAULLE » SUR LE BUSTE DE PÉTAIN !
NOUS AIDIONS RÉGULIÈREMENT MME CHESNAUD, LA DIRECTRICE DU CHÂTEAU DE PEYRINS QUI SAUVA LA VIE DE NOMBREUX ENFANTS JUIFS...
... TANDIS QUE LE PASTEUR FABRE, ÉMILE BERNIS ET D'AUTRES CONDUISAIENT DES RÉFUGIÉS JUIFS JUSQU'À LA FRONTIÈRE PAR DES CHEMINS DE MONTAGNE.

Novembre 1942.
Vous connaissez la nouvelle? Le 8, les troupes alliées ont débarqué en Afrique du Nord!
Ça, c'est une bonne nouvelle!
Et la flotte française s'est sabordée en rade de Toulon!
Voilà qui conforte nos propres actes de sabotage...
Sous l'impulsion de Jean Moulin, l'union des différents réseaux de résistance fut faite et signée le 27 mai 43...
... tandis que Joseph Darnand avait créé la sinistre milice française en remplacement du S.O.L.
Au milieu de cette tourmente, une magnifique nouvelle...
Alors Reymond, un troisième petit frère?
Oui, nous l'avons appelé Michel!
Les miliciens avaient pris l'habitude de peindre leur logo sur les murs...
Ces sales traîtres laissent leur marque partout!...
Ça peut se retourner contre eux. Nous reviendrons plus tard...

HA! HA! HA!
C'EST-Y PAS MIEUX COMME ÇA?
TOURNER EN RIDICULE LE LOGO DE LA MILICE DEVINT UNE HABITUDE...
LE 10 MARS 1943, UN TRAIN DE DÉPORTÉS S.T.O.* EN PARTANCE POUR L'ALLEMAGNE S'ARRÊTAIT À ROMANS POUR EMBARQUER DES RÉQUISITIONNÉS ROMANAIS...
* SERVICE DU TRAVAIL OBLIGATOIRE
MAIS AU PASSAGE À NIVEAU DE ST-DONAT...
BON, IL EST TEMPS DE REPARTIR !...
Y'A DES GENS SUR LA VOIE !!!
MAISON DE JEUNES, PARENTS, SYNDICATS BLOQUAIENT LA VOIE FERRÉE...
DES VOITURES FURENT RENVERSÉES.
OH! HISSSE!....
ALLEZ LES GARS ! POUSSEZ !!!
DES MÈRES DE FAMILLE SE COUCHÈRENT SUR LES RAILS...
VOUS N'EMMÈNEREZ PAS NOS FILS EN ALLEMAGNE !

LES FLICS DE PÉTAIN !!!
VENUE DE VALENCE, LA POLICE TENTAIT DE NOUS FAIRE RECULER À COUPS DE PIED ET DE CROSSES DE FUSIL...
NOUS AVONS RIPOSTÉ AVEC DES JETS DE PIERRES...
MAIS POUVIONS-NOUS RÉSISTER FACE À DES HOMMES PRÊTS À FAIRE FEU ?
PLUS TARD, NOUS APPRÎMES QUE...
... SUR TROIS CENTS APPELÉS S.T.O., DEUX CENT SOIXANTE-DIX PURENT S'ÉVADER...
HÉLAS POUR LE FRÈRE DE JEAN CHEVAL...
ERNEST N'A PAS EU CETTE CHANCE. IL N'A PAS PU S'ÉCHAPPER !
OH !... MAUVAISE NOUVELLE...
LE CHEF DE GARE, CHAPUS, ET SON FILS JEAN AVAIENT FAIT L'IMPOSSIBLE POUR FAIRE ÉVADER LE MAXIMUM DE S.T.O.
LE 15 MARS 1943, JE M'ENGAGEAIS DANS LES FORCES FRANÇAISES LIBRES DE L'INTÉRIEUR (F.F.I.).
ALLONS, PLUS VITE ! DÉPLOYEZ-VOUS !!!
J'ENTRAIS DANS LE GROUPE ABEL, COMMANDÉ PAR CLÉMENT DIT CHAVANT.

*PARTI POPULAIRE FRANÇAIS

REYMOND, FÉLIX, PAR ICI ! VITE !
CE JOUR-LÀ, NOUS RÉUSSÎMES À NOUS SAUVER...
HÉLAS ! DES DIZAINES DE ROMANAIS FURENT ARRÊTÉS ET DIRIGÉS VERS DES CAMPS DE CONCENTRATION.
MILICE
QUELQUES JOURS PLUS TARD...
PIERRE CAILLET A ÉTÉ ARRÊTÉ !!!
IL EST ENTRE LES PATTES DE CE FASCISTE D'INSPECTEUR COLONNA !
POURVU QU'IL S'EN TIRE...
NOUS LE RÉCUPÉRÂMES QUELQUES JOURS APRÈS DANS UN TRÈS MAUVAIS ÉTAT...
UN JOUR, CE SALAUD PAIERA SES CRIMES !!!
C'EST À CETTE ÉPOQUE QUE J'INTÉGRAIS LES CORPS FRANCS.
NOUS ATTAQUONS LES CHANTIERS DE JEUNESSE* POUR NOUS PROCURER VÊTEMENTS, VIVRES ET TOUT CE DONT LES RÉFRACTAIRES RETRANCHÉS DANS LE VERCORS ONT BESOIN !
*EN REMPLACEMENT DU SERVICE MILITAIRE.
L'IMPORTANCE DE LA RÉSISTANCE EUT POUR CONSÉQUENCE LE RETOUR MASSIF DES ALLEMANDS... POUR NOUS, LA « ZONE LIBRE » NE VOULAIT PLUS RIEN DIRE...
UN REGAL
CHOCOLAT

LA RÉSISTANCE AMPLIFIANT SON ACTION, LA RÉPRESSION DE L'ENNEMI ÉTAIT TERRIBLE...
LES SIRÈNES D'ALERTE AÉRIENNE NOUS DONNAIENT UNE EXCUSE POUR BRAVER LE COUVRE-FEU...
HALTE !!!
TU VAS FAIRE UN JOLI MORT... REYMOND TONNEAU, TON NOM EST SUR LA LISTE DES SUSPECTS !
DES TONNEAU, Y'EN A BEAUCOUP. JE M'APPELLE FÉLIX. JE NE CONNAIS PAS CE REYMOND...
DE TOUTE FAÇON, NOS CARTES DE LA DÉFENSE PASSIVE ET DE LA CROIX ROUGE NOUS DONNENT LE DROIT DE CIRCULER LA NUIT...
... AINSI QUE LE BREVET DE SECOURISTE QUE POSSÈDE TON FRÈRE REYMOND QUE TU PRÉTENDS NE PAS CONNAÎTRE !
SILENCE ! C'EST DÉJÀ PAS FACILE D'ÉCOUTER RADIO LONDRES...
TWIII TWIIII
VIVEMENT QU'ON ENTENDE L'ORDRE DE REJOINDRE LE MAQUIS !
TU AS RAISON.
LE 6 JUIN 1944, LES TROUPES ALLIÉES DÉBARQUAIENT EN NORMANDIE...
OUAIS !
« LE CHAMOIS DES ALPES BONDIT... »
ÇA Y EST ! LE SIGNAL !

REJOINDRE LE MAQUIS !... MAIS VOUS ÊTES SI JEUNES... PRESQUE DES ENFANTS !!!
JUSTEMENT, SI NOUS RESTONS, NOUS RISQUONS D'ÊTRE DÉPORTÉS COMME S.T.O. !
D'AUTANT QUE MON NOM EST CONNU COMME CELUI D'UN RÉSISTANT !
FÉLIX, TU ES L'AÎNÉ... TU PROTÈGERAS TON FRÈRE ?!...
C'EST PROMIS, MAMAN...
J'AIMERAIS VOUS ACCOMPAGNER JUSQU'AU LIEU DE RENDEZ-VOUS !
BIEN SÛR, PAPA !
SUR LES LIEUX DU RENDEZ-VOUS, MR BONNARDEL (NOTRE FUTUR CAPITAINE) ET BEAUCOUP DE ROMANAIS ÉTAIENT PRÉSENTS...
NOUS RETROUVONS MAXIME MAYET QUI DEVIENDRA NOTRE SERGENT...
JE COMPTE SUR TOI POUR PRENDRE SOIN DE MES FILS !...
JE FERAI MON POSSIBLE !
UN PEU PLUS TARD, ARMÉS ET PLUS DÉTERMINÉS QUE JAMAIS, NOUS EMBARQUONS DANS LES CAMIONS...
ALLONS ENFANTS DE LA PATRIE
NOUS ARRIVONS LÀ OÙ COMMENCE LE « PAYS DE LA LIBERTÉ » !

Dès notre arrivée à la Balme-de-Rencurel nous sommes divisés par sections, sous les ordres du capitaine Abel
La nôtre a pour mission de défendre l'entrée du village...
Ces fusils mitrailleurs doivent assurer la surveillance de la route qui descend à Choranche et vers la plaine...
Nous sommes soumis à des tours de garde de 3 h, de jour comme de nuit.
Les gars, c'est la relève !
Le premier soir nous réunit devant notre premier repas au maquis...
Faudra se débrouiller si nous voulons manger autre chose que le corned-beef et les corn-flakes fournis par les Américains !
Quand je pense à la cuisine de ma petite femme...
Moi, je ne suis marié que depuis un mois !...
Petit à petit, une confiance mutuelle s'installe entre nous. Nous sommes devenus l'armée de l'ombre !

PREMIÈRE NUIT AU MAQUIS ; NOS ARMES SERRÉES CONTRE NOUS, NOUS TENTONS DE DORMIR...
LES JOURS SUIVANTS, NOUS SOMMES FORMÉS AU MANIEMENT DES ARMES PAR L'INSTRUCTEUR ANTOINE SANLAVILLE.
POUR VICHY, LA MILICE ET LES NAZIS NOUS SOMMES DES TERRORISTES.
ATTENTION, CE N'EST PAS UN JEU ! POUR NE PAS MOURIR, IL FAUT APPRENDRE À TUER !...
LA FIN DU DEUXIÈME JOUR FUT ENDEUILLÉE PAR UN TERRIBLE ACCIDENT...
PFFF ! CREVÉ !
PAS FÂCHÉ DE POUVOIR ENFIN SOUFFLER !...
CLAC
AAAAAH
TACTACTAC
SA MITRAILLETTE S'EST DÉCHARGÉE TOUTE SEULE !...
C'EST UN ACCIDENT HÉLAS TRÈS COURANT AVEC LES « STEN »...
POUR LA PREMIÈRE FOIS, NOUS DÉCOUVRONS LA RÉALITÉ DE LA MORT.
LE 3E JOUR, FÉLIX ET MOI SOMMES VOLONTAIRES POUR UNE MISSION SOUS LES ORDRES DU LIEUTENANT ROUSSET.
C'EST DANGEREUX, EN CAS D'ATTAQUE, VOUS RISQUEZ D'ÊTRE SACRIFIÉS !...
17

Votre mission consiste à contrôler les allées et venues sur la route. Sans mot de passe, personne ne passe !...
Nous sommes surpris de rencontrer des camarades armés de mitrailleuses et de bazookas.
Notre poste avancé est situé à même la route qui mène à Choranche et à La Balme.
Vous assurerez à trois ou quatre des tours de garde de deux heures.
En cas d'attaque, vous devez tenir le plus longtemps possible pour que l'estafette motorisée ait le temps de donner l'alerte !
Et cette nuit-là...
Alerte ! Il se passe quelque chose de bizarre !
Des lumières s'allument et s'éteignent sur les bords de la Bourne !
Un signal ?
Une attaque ennemie ?
Postez-vous le long de la route sur une centaine de mètres, et à mon commandement...
... vous lancerez vos grenades tous en même temps !
18

Attendez !.. Ces lumières... ce sont des feux follets ! Sous l'effet de fortes chaleurs suivies de pluie... C'est courant en montagne !
?!
Des feux follets ?!.. Je prends le risque... J'allume ma lampe torche !
Pas plus de nazis que de beurre en broche !!!
Si nous avions lancé nos grenades, les arbres nous les auraient renvoyées !
Eh bien... ça aurait été un excellent test de vos réactions personnelles !
De temps en temps, Félix et moi avions l'autorisation de descendre à Pont-en-Royans.
Et de retour au campement...
Allez ! Une bouteille de pinard pour fêter cette fin heureuse !
Mr et Mme Ageron qui y tenaient une épicerie nous fournissaient en nourriture et en boisson cédés au prix de gros...
Félix, Reymond ! Oh ! Mais Reymond, tu t'es laissé pousser la moustache !
Bonjour Mme, bonjour Mr Ageron !
Nous apportons du travail pour votre fille...
Les chemises et les pantalons déchirés de toute la section, comme d'habitude !
Je vais appeler Paulette !

OH LÀ LÀ ! C'EST DANS UN ÉTAT !...
NOUS AVONS AUSSI DU COURRIER À FAIRE PARVENIR À NOS PARENTS !
MR AGERON AVAIT EU L'IDÉE DE GLISSER NOS LETTRES ENTRE LE PNEU ET LA CHAMBRE À AIR DES ROUES DU VÉLO DE SA FILLE !...
M'ÉTONNERAIT QU'ILS AILLENT CHERCHER LÀ !
CELUI-LÀ, VOUS POUVEZ LE PRENDRE... VOUS POURREZ AINSI REJOINDRE VOTRE POSTE PLUS VITE !
POUR MA PART, JE TROUVAI UNE UTILISATION NETTEMENT PLUS AGRÉABLE À CETTE PROVIDENTIELLE BICYCLETTE...
HOU ! HOU ! REYMOND !...
HÉLÈNE...
J'AI DU COURRIER POUR TOI ET FÉLIX.
ET MOI, J'EN AI QUE TU PEUX FAIRE PARVENIR À NOS PARENTS !
HÉLÈNE ET MOI ÉTIONS TRÈS AMOUREUX.
MAIS LES ÉVÉNEMENTS TRAGIQUES QUI DEVAIENT SUIVRE NOUS SÉPARÈRENT À JAMAIS...
20

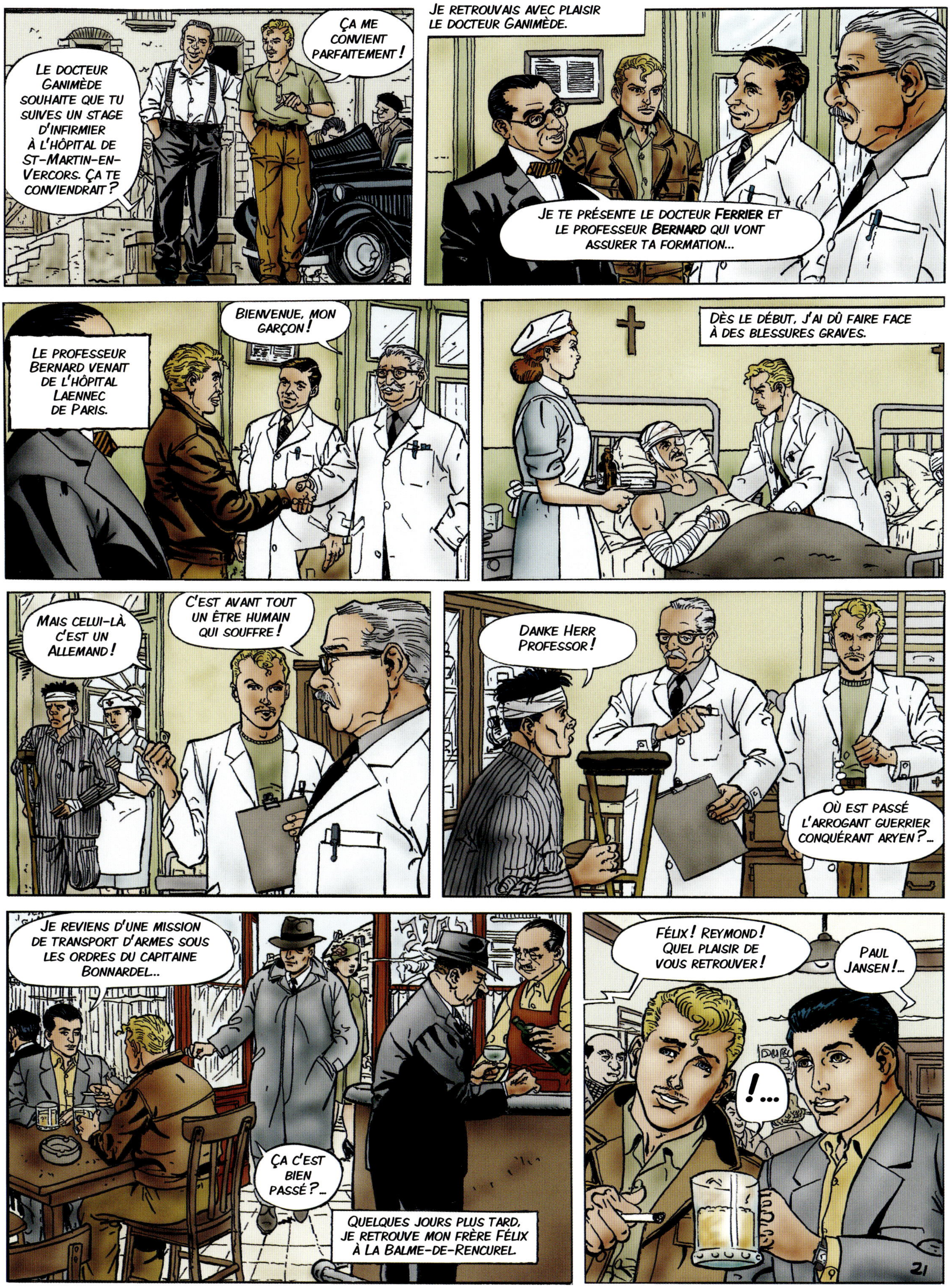

LE DOCTEUR GANIMÈDE SOUHAITE QUE TU SUIVES UN STAGE D'INFIRMIER À L'HÔPITAL DE ST-MARTIN-EN-VERCORS. ÇA TE CONVIENDRAIT ?
ÇA ME CONVIENT PARFAITEMENT !
JE RETROUVAIS AVEC PLAISIR LE DOCTEUR GANIMÈDE.
JE TE PRÉSENTE LE DOCTEUR FERRIER ET LE PROFESSEUR BERNARD QUI VONT ASSURER TA FORMATION...
LE PROFESSEUR BERNARD VENAIT DE L'HÔPITAL LAENNEC DE PARIS.
BIENVENUE, MON GARÇON !
DÈS LE DÉBUT, J'AI DÛ FAIRE FACE À DES BLESSURES GRAVES.
MAIS CELUI-LÀ, C'EST UN ALLEMAND !
C'EST AVANT TOUT UN ÊTRE HUMAIN QUI SOUFFRE !
DANKE HERR PROFESSOR !
OÙ EST PASSÉ L'ARROGANT GUERRIER CONQUÉRANT ARYEN ?...
JE REVIENS D'UNE MISSION DE TRANSPORT D'ARMES SOUS LES ORDRES DU CAPITAINE BONNARDEL...
ÇA C'EST BIEN PASSÉ ?...
QUELQUES JOURS PLUS TARD, JE RETROUVE MON FRÈRE FÉLIX À LA BALME-DE-RENCUREL
FÉLIX ! REYMOND ! QUEL PLAISIR DE VOUS RETROUVER !
PAUL JANSEN !...
!...
21

PAUL JANSEN AUSSI REVENAIT DE MISSION...
... NOUS REVENIONS DE MONTMIRAIL POUR REJOINDRE LE VERCORS QUAND NOTRE CONVOI A ÉTÉ ATTAQUÉ PAR DES AVIONS DE CHASSE ALLEMANDS....
SOUS LA MITRAILLE, NOUS AVONS SAUTÉ DE NOS CAMIONS POUR NOUS DISPERSER DANS LES ROCHERS...
PAR LA FAUTE D'UN MOUCHARD, PONT-EN-ROYANS, ST-JEAN-DE-ROYANS ET ST-NAZAIRE ONT ÉTÉ BOMBARDÉS.
MAIS LA NOUVELLE LA PLUS PÉNIBLE FUT LA NARRATION DU MASSACRE DE ST-DONAT ET LA MORT, À 16 ANS, DE MON AMI YVES PERRON.
LA POPULATION A ÉTÉ MASSACRÉE, CINQUANTE FEMMES ONT ÉTÉ VIOLÉES ! ET HÉLAS, IL Y A EU PLUS HORRIBLE ENCORE...
LA PROPRE FILLE DU PHARMACIEN A ÉTÉ LA VICTIME DE S.S. ELLE EST MORTE LE LENDEMAIN DE CET IGNOBLE VIOL...
... ELLE AVAIT 11 ANS !
COMMENT CES BARBARES PEUVENT-ILS REGARDER LEURS PROPRES ENFANTS EN FACE ?...
LE 3 JUILLET 1944.
UNE AFFICHE PROCLAMANT LA « RÉPUBLIQUE FRANÇAISE DU VERCORS »...
QU'EST-CE QUE C'EST ?
C'EST EUGÈNE CHAVANT QUI L'A RÉDIGÉE... C'EST SACRÉMENT CULOTTÉ !!!

Ayant réussi mon examen d'infirmier, je rejoins ma section à La Balme, ce qui, peut-être m'a sauvé la vie...
Mais...
Désolée, mais nous ne pouvons recevoir vos blessés : les Allemands doivent s'installer à l'hôpital !
Tous les blessés, y compris les Allemands, furent remontés au Vercors et transportés jusqu'à la grotte de Luire, inconnue à l'époque.
Quelques jours après mon retour, pour échapper à l'invasion allemande, les blessés de St-Martin-en-Vercors furent évacués vers l'hôpital de Die.
Mais le 27 juillet...
Bras en l'air ! Personne bouger !!!
Wir wurden genauso gut gepflegt wie die Franzosen Herr Hauptmann!*
*Nous avons été aussi bien soignés que les Français, mon capitaine !
Jetzt bist du gesund!!!*
BANG
AAAAH !!!
*Maintenant, tu es guéri !
Les blessés furent achevés sans pitié...
TAC. TAC. TAC. TAC. TAC. TAC
Ceux qui avaient pu se sauver furent tués sur place et précipités dans le ravin.
TAC TAC TAC TAC TAC

LES SOIGNANTS ET LES SURVIVANTS ONT ÉTÉ DÉPORTÉS ! ET TOUT ÇA À CAUSE D'UNE DÉNONCIATION !
ET DIRE QUE SI J'ÉTAIS RESTÉ LÀ-BAS, JE SERAIS CERTAINEMENT PARMI LES VICTIMES !
HUILE RENAULT STOP
DITES, LES GARS, Z'AURIEZ PAS UNE CIBICHE* ?
IL ÉTAIT NOUVEAU ET S'APPELAIT SARAILLON. IL SE DISAIT PÈRE DE FAMILLE ET DÉMUNI DE TOUT...
TIENS ! PRENDS LE PAQUET !
MERCI, VIEUX !
*CIGARETTE
DIS DONC, SARAILLON, TU POURRAIS PAS TE LAVER DE TEMPS EN TEMPS. TU PUES, MON GARS !
BOF !...
PAS VRAIMENT SYMPATHIQUE CE TYPE !...
CE QUI ME GÊNE LE PLUS, C'EST SA MAUVAISE VOLONTÉ À ASSURER LES TOURS DE GARDE OU LES MISSIONS DANGEREUSES...
ESPÉRONS QUE NOUS N'ALLONS PAS REGRETTER DE L'AVOIR MIS EN RELATION AVEC NOS ESTAFETTES QUI DESCENDENT SUR ROMANS !
DES AVIONS ESPIONS SURVOLENT SANS CESSE LA FORÊT OÙ NOUS CACHONS NOTRE CAMPEMENT, SANS QUE NOUS PUISSIONS RIEN FAIRE CONTRE...
P'TAIN, SI NOUS AVIONS DES ARMES LOURDES !!!
TOUTES LES DEMANDES SONT RESTÉES VAINES AUSSI BIEN À ALGER QU'À LONDRES !
PARFOIS, JE N'AI PLUS CONFIANCE EN DE GAULLE !...

QUELQUES NUITS PLUS TARD, JE SUIS DE GARDE DANS UNE FERME DÉSAFFECTÉE RÉQUISITIONNÉE COMME QG.
TU VOIS CETTE FERME LÀ-BAS? LES FERMIERS M'ONT VENDU DES FROMAGES À UN PRIX EXORBITANT!
NOUS RISQUONS NOTRE PEAU POUR EUX ET CERTAINS NE PENSENT QU'À L'ARGENT!
UNE VOLAILLE OU UN LAPIN ÇA FERAIT NOTRE AFFAIRE ET ÇA SERAIT UN JUSTE ET ÉQUITABLE DÉDOMMAGEMENT, NON?
TU PARLES!
UN PEU PLUS TARD.
C'EST PAS BEAU ÇA?
Y'A UN OFFICIER QUI TE CHERCHAIT. IL ÉTAIT FURIEUX. J'LUI AI DIT QUE T'ÉTAIS MALADE ET QUE T'ÉTAIS ALLER «POSER CULOTTE»!
EH TOI, L'HOMME DE GARDE!.. TU SAIS CE QUE ÇA COÛTE L'ABANDON DE POSTE EN TEMPS DE GUERRE?!..
RIEN À FOUTRE DE TA CHIASSE! CONSEIL DE GUERRE!.. PELOTON D'EXÉCUTION!..
T'AS INTÉRÊT À TROUVER UN BON DÉFENSEUR...
J'AI BIEN ENVIE D'ALLER VOIR CE QU'IL Y A DE SI IMPORTANT DANS CETTE FERME POUR QU'ON SOIT OBLIGÉ DE LA GARDER!
CLIC

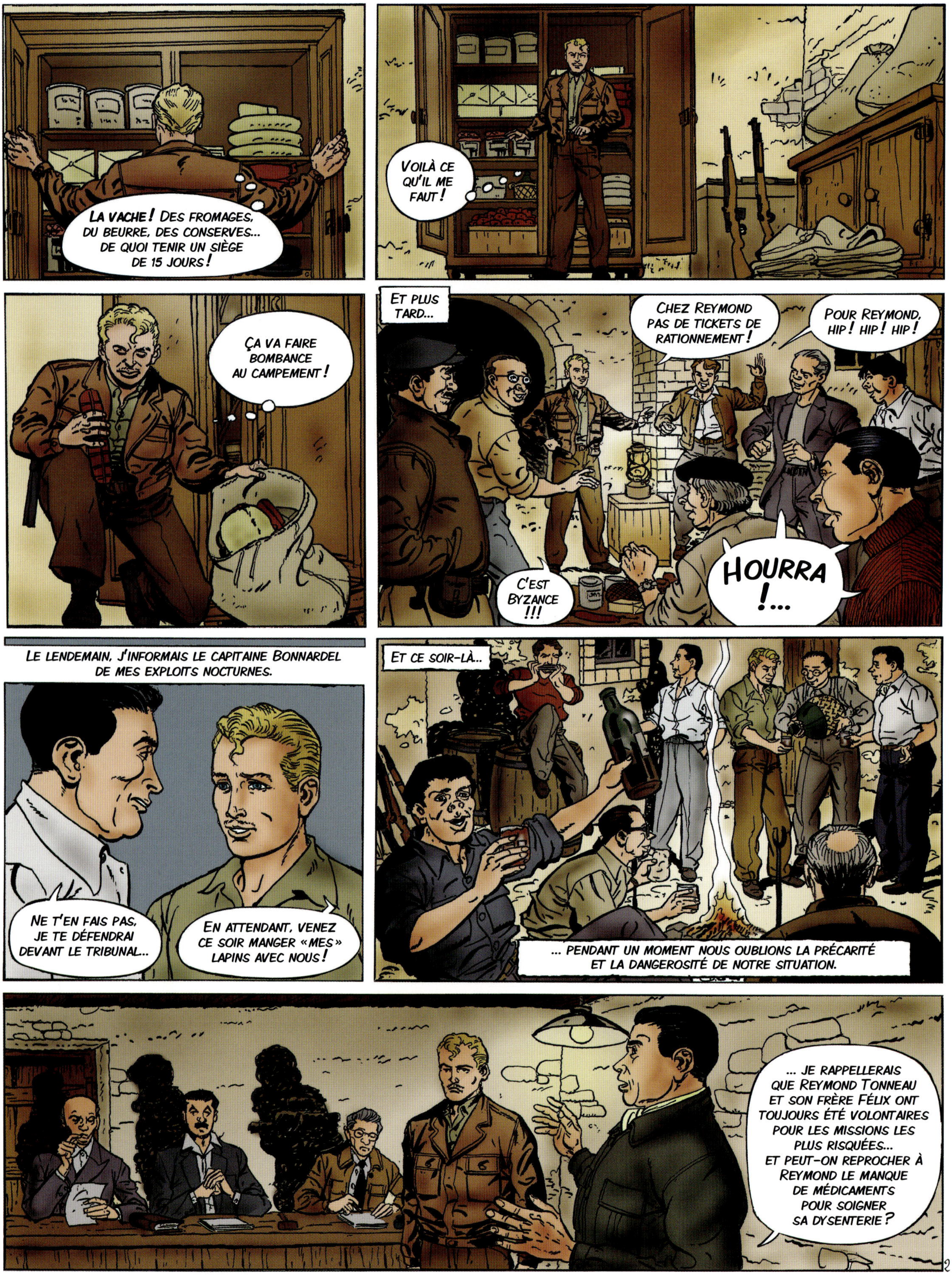

La vache ! Des fromages, du beurre, des conserves... de quoi tenir un siège de 15 jours !
Voilà ce qu'il me faut !
Ça va faire bombance au campement !
Et plus tard...
Chez Reymond pas de tickets de rationnement !
Pour Reymond, hip ! hip ! hip !
C'est Byzance !!!
Hourra !...
Le lendemain, j'informais le capitaine Bonnardel de mes exploits nocturnes.
Ne t'en fais pas, je te défendrai devant le tribunal...
En attendant, venez ce soir manger «mes» lapins avec nous !
Et ce soir-là...
... pendant un moment nous oublions la précarité et la dangerosité de notre situation.
... Je rappellerais que Reymond Tonneau et son frère Félix ont toujours été volontaires pour les missions les plus risquées... Et peut-on reprocher à Reymond le manque de médicaments pour soigner sa dysenterie ?

QUANT À LA SUBTILISATION DE VICTUAILLES, SONGEZ À SA COLÈRE ET SA SURPRISE À LA VUE DE TOUTE CETTE ABONDANCE DE NOURRITURE, DÉCOUVERTE PAR HASARD, ALORS QUE SES COMPAGNONS ET LUI-MÊME MEURENT DE FAIM !
AINSI DEUX HEURES PLUS TARD...
DE TOUTE FAÇON, L'OBJET DU DÉLIT AVAIT DISPARU DANS NOS ESTOMACS !
MERCI DE NE PAS AVOIR PARLÉ DES LAPINS...
PLUS SÉRIEUSEMENT... L'ABANDON D'ALGER COMPROMET GRAVEMENT LA RÉSISTANCE DANS LE VERCORS...
À TOUT MOMENT, NOUS ATTENDONS L'ORDRE D'ALLER AU COMBAT.
IL FAUT INSTALLER CETTE MITRAILLEUSE FACE À LA SCIERIE SUR LES HAUTEURS, À L'ENTRÉE DU VILLAGE !...
PLUS FACILE À DIRE QU'À FAIRE... POUR FÉLIX, PIERRE CORNEILLE ET MOI, L'ESCALADE FUT PLUS QUE PÉRILLEUSE.
ATTENTION À LA MITRAILLEUSE !... DONNE DU MOU À LA CORDE !!!
APRÈS DES HEURES D'EFFORT, NOUS TROUVONS LE POINT IDÉAL POUR SURVEILLER LES GORGES DE LA BOURNE....
POUR UNE ATTAQUE AU SOL, C'EST PARFAIT !
EXACT, MAIS PAR CONTRE, POUR LES ATTAQUES AÉRIENNES...
IL FAUDRAIT FABRIQUER UNE DCA !
OUAIS, TRANSFORMER NOTRE POSTE FIXE EN POSTE MOBILE !
JE CROIS QUE J'AI UNE IDÉE.
ET QU'EST-CE QUE VOUS VOULEZ EN FAIRE D'MA ROUE DE CHARRETTE ?
SI JE VOUS LE DISAIS, VOUS NE ME CROIRIEZ PAS !
VU LE POIDS, ON VA AVOIR BESOIN DES COPAINS POUR LA MONTER LÀ-HAUT.
27

QUELQUES HEURES PLUS TARD...
ET VOILÀ UNE PARFAITE MITRAILLEUSE ANTIAÉRIENNE !
ÇA C'EST PAS FAIT SANS MAL !...
TU PARLES !
SANS VOTRE AIDE, C'ÉTAIT IMPOSSIBLE !
NOUS N'ALLIONS PAS TARDER À VÉRIFIER L'EFFICACITÉ DE NOTRE INSTALLATION CAR DÈS LE LENDEMAIN...
ATTENTION !!! UN AVION MOUCHARD !!!
VITE, ON VA L'AVOIR !
TAC TAC TAC TAC TAC
PIERRE CORNEILLE ÉTAIT LE TIREUR, J'ÉTAIS LE POURVOYEUR DE MUNITIONS, FÉLIX MANOEUVRAIT LA ROUE.
PLUS À GAUCHE, FÉLIX ! ENCORE UN PEU PLUS À GAUCHE !!!
TAC-TAC-TAC-TAC-TAC-TAC-
JE L'AI EU ! JE SUIS SÛR QUE JE L'AI EU !!!
LE 14 JUILLET, 72 FORTERESSES VOLANTES PARACHUTAIENT DES CONTAINERS D'ARMES ET DE VIVRES SUR UN AÉROPORT DE FORTUNE CONSTRUIT PAR LE MAQUIS.
POUR LES RÉSISTANTS, IL S'AGISSAIT DE LES RÉCUPÉRER LE PLUS RAPIDEMENT POSSIBLE ET DE FAIRE DISPARAÎTRE LES PARACHUTES. MAIS CE JOUR-LÀ...
BON SANG, REGARDEZ LÀ-HAUT !!!
28

COMME SORTIS DE NULLE PART, DES CHASSEURS ALLEMANDS NOYÈRENT LA PISTE SOUS UN TERRIBLE DÉLUGE DE FEU.
TAC TAC TAC
TAC TAC TAC
TAC TAC TAC
TAC TAC TAC
IL ÉTAIT ÉVIDENT QUE LES NAZIS AVAIENT ÉTÉ PRÉVENUS DU PARACHUTAGE AMÉRICAIN...
DANS LES JOURS QUI SUIVIRENT, NOS RANGS SE RENFORCÈRENT.
DU RALLIEMENT DE DÉSERTEURS ITALIENS...
... ET DE 150 TIRAILLEURS SÉNÉGALAIS LIBÉRÉS PAR LE MAQUIS.
LEUR EXPÉRIENCE DU COMBAT NOUS SERA UTILE.
D'AUTANT QU'IL PARAÎT QUE TROIS DIVISIONS ALLEMANDES, DONT UNE BLINDÉE, CERNENT LE VERCORS !
À PRÉSENT, NOUS ÉTIONS 4000 MAQUISARDS CONTRE 15000 SOLDATS ALLEMANDS BIEN ENTRAÎNÉS ET ARMÉS...
J'AI BIEN PEUR QUE LES MILLIERS DE PARACHUTISTES ET LES ARMES PROMIS PAR ALGER N'ARRIVENT JAMAIS !...
SANS ARMES LOURDES, NOUS NE FERONS PAS LE POIDS !
PLUS RIEN NE PASSE. L'ENCERCLEMENT DES NAZIS SE RESSERRE...
LES RATIONS AMÉRICAINES SONT DE PLUS EN PLUS RÉDUITES...
HEUREUSEMENT, IL Y A LE LAIT DE NOS BONNES VACHES DU VERCORS !
LES GARS, C'EST TERRIBLE CE QUI SE PASSE À VASSIEUX !
QUOI ?! RACONTE !
TOUT A COMMENCÉ AU PETIT MATIN, SUR NOTRE TERRAIN D'AVIATION.
REGARDEZ, CES POINTS DANS LE CIEL !
CE SONT LES ANGLAIS ANNONCÉS !!!
ALLONS LES ACCUEILLIR...
29

HÉLAS, LES PLANEURS ÉTAIENT ALLEMANDS...
DÉBARQUÉS AU SOL, D'AUTRES SOLDATS ALLEMANDS ONT DÉCLENCHÉ UN HORRIBLE MASSACRE....
TAC.TAC.TAC.TAC.TAC.
À CE MOMENT-LÀ, LES MOTS PITIÉ, MISÉRICORDE N'EURENT PLUS DE SENS...
SCHLAAAFF
QUELLE ABOMINATION ! Y A-T-IL UNE LIMITE À LEUR CRUAUTÉ ?
J'AI PEUR QUE NON !
L'IDÉOLOGIE NAZIE LEUR A ENLEVÉ TOUT SENTIMENT...
FÉLIX, JURONS DE GARDER TOUJOURS UNE GRENADE SUR NOUS ET QU'EN CAS EXTRÊME, NOUS NOUS FERONS SAUTER EN EMMENANT AVEC NOUS UN MAXIMUM D'ENNEMIS !
JE LE JURE, REYMOND !
NOTRE DÉTERMINATION ÉTAIT JUSTIFIÉE PAR LE DÉGOÛT QUE NOUS INSPIRAIT LA BARBARIE DE L'OCCUPANT.
ET À CETTE ÉPOQUE, NOUS ÉTIONS ENCORE LOIN D'IMAGINER JUSQU'OÙ POUVAIT ALLER CETTE FOLIE MEURTRIÈRE...
LES VILLAGES DE VASSIEUX ET DE LA MÛRE : DÉTRUITS ! LES FEMMES VIOLÉES, LES HOMMES TORTURÉS. NI LES VIEILLARDS, NI LES MALADES, NI MÊME LES ENFANTS NE FURENT ÉPARGNÉS.

AIDEZ-MOI ! PAR PITIÉ !
COINCÉE SUR LE CORPS DE SA MÈRE ASSASSINÉE, UNE FILLETTE, LA JAMBE ÉCRASÉE PAR UNE POUTRE, HURLAIT SA DOULEUR...
DONNEZ-MOI À BOIRE ! PITIÉ !
SIE HAT EINE KRÄFTIGE STIMME, DIE KLEINE!!!*
HA! HA! HA!
DAS STIMMT, HELMUT, GIB MIR MAL DIE FLASCHE!..*
*ELLE A DE LA VOIX, LA PETITE !
*C'EST VRAI HELMUT, PASSE-MOI LA BOUTEILLE !...
CE N'EST QU'APRÈS LE DÉPART DES ALLEMANDS QUE LE CURÉ DE LA CHAPELLE-EN-VERCORS PUT LA SECOURIR...
PAUVRE ENFANT !...
PLUS TARD, À L'HÔPITAL DE GRENOBLE.
SA JAMBE EST INFECTÉE DES VERS DU CADAVRE DE SA MÈRE. IL VA FALLOIR L'AMPUTER !...
UNE FILLETTE DE SEPT ANS !!!
L'ENFANT SUCCOMBA DES SUITES DE L'INFECTION DANS D'HORRIBLES SOUFFRANCES...
L'HORREUR N'AVAIT PAS DE LIMITES. LES « PENDUS À BASCULE » EN FURENT UNE PREUVE SUPPLÉMENTAIRE....
31

DEUX SUPPLICIÉS, LES YEUX CREVÉS, ATROCEMENT MUTILÉS, SUSPENDUS À UNE POUTRE EN ÉQUILIBRE SUR UN ARBRE, SONT OBLIGÉS DE SE TENIR SUR LA POINTE DES PIEDS. LE PREMIER QUI FLANCHE PEND L'AUTRE AVANT D'ÊTRE PENDU À SON TOUR...
LE 23 JUILLET, NOUS RECEVONS L'ORDRE DE NOUS DISPERSER.
VOUS POUVEZ REJOINDRE VOS FOYERS, MAIS VOUS RESTEZ DES COMBATTANTS DE LA RÉSISTANCE, DES MAQUISARDS PRÊTS À MOURIR POUR VOTRE PATRIE !
REYMOND !
?! ...
JEAN CHEVAL ! CAMILLE LACOUR ! QUELLE SURPRISE !!!
NOUS FORMIONS ALORS UNE PETITE TROUPE DE DIX-HUIT HOMMES....
... AVEC SARAILLON QUI NOUS AVAIT REJOINTS AU DERNIER MOMENT...
HÉ ! ATTENDEZ-MOI !
APRÈS PLUSIEURS JOURS DE MARCHE DANS LES BOIS, NOUS N'AVIONS PLUS RIEN À MANGER...
LA BATAILLE FAISAIT TOUJOURS RAGE DANS LE VERCORS.
BOOUM !
32

Après plusieurs jours d'errance, affamés, épuisés, nous nous apprêtions à passer notre cinquième nuit dans les bois.
D'autant que ces armes lourdes nous sont inutiles...
J'en peux plus ! Marre de trimballer ce barda !
Il faut s'en débarrasser !
Nous allons les cacher afin de pouvoir les récupérer plus tard !
Savez-vous quel jour nous sommes ?
Le 26 juillet...
Bon anniversaire, Reymond !
C'est vrai ! J'ai 18 ans aujourd'hui !
Le morceau de pain fut partagé en 18 parts égales.
Le lendemain, notre pénible marche reprenait.
C'est tout à fait par hasard que nous rencontrâmes un autre groupe de résistants.
Alors là, les gars, vous êtes complètement perdus ! Mais nous allons vous remettre sur la bonne route !
Quand je pense que ça fait plusieurs jours que nous tournons en rond...
Sans carte, ce n'est pas étonnant !
Et le 28 au soir.
Une cabane ! Ça va nous changer de la belle étoile !
Mais ça ne résout pas notre problème de ravitaillement... Il faut à tout prix trouver à boire et à manger.
Malleval
Hé ! Regardez, un panneau qui indique Malleval !
33

Nous devrons tenter la descente, même si c'est dangereux !...
Il vaudrait mieux nous scinder en deux groupes.
Ouais, ainsi nous attirerions moins l'attention !
En attendant, dormons... Demain, il fera jour !
Le lendemain matin, nous constatâmes que les plus âgés d'entre nous avaient disparu...
Qu'est-ce qui se passe ?
Tiens, Saraillon est parti lui aussi !
Ils sont partis sans nous prévenir !
Ils auraient pu nous attendre !...
Mais un peu plus loin Saraillon reparaissait.
Saraillon, où étais-tu passé ?
J'me suis perdu cette nuit ; alors je suis revenu vers vous !
Nous reprîmes notre descente, protégés par un épais brouillard.
On va se casser la figure !
Après des heures de marche plus qu'acrobatique, nous atteignîmes le village de Malleval
C'est le moulin de Malleval !
Il y a peut-être des Boches...
Le chemin forestier vers les Belles serait plus sûr !...
Les autres n'ont pas voulu de lui, oui !...
Tu parles !...
Ça nous met à l'abri des yeux indiscrets...
Vers 9 h du matin, nous atteignîmes la sortie du bois, ce qui nous laissait à découvert...
Courage les gars ! Nous avons presque atteint les Belles !...
Flûte le brouillard se lève !...
34

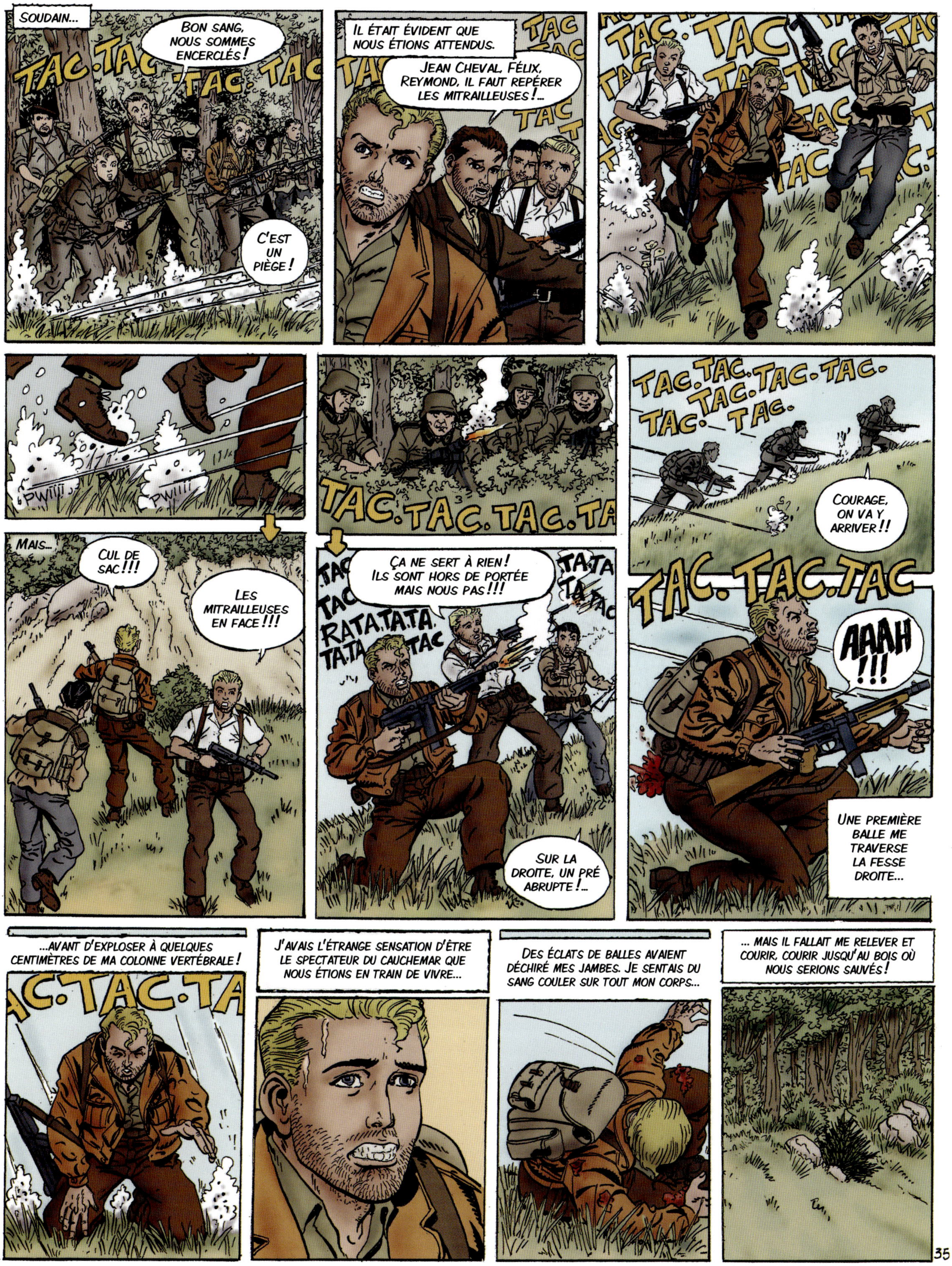

SOUDAIN...
BON SANG, NOUS SOMMES ENCERCLÉS !
TAC.TAC.TAC.TAC
C'EST UN PIÈGE !
IL ÉTAIT ÉVIDENT QUE NOUS ÉTIONS ATTENDUS.
JEAN CHEVAL, FÉLIX, REYMOND, IL FAUT REPÉRER LES MITRAILLEUSES !...
TAC TAC TAC
TAC.TAC.TAC
PWIII PWIII
TAC.TAC.TAC.TA
TAC.TAC.TAC.TAC. TAC.TAC.TAC.
COURAGE, ON VA Y ARRIVER !!
MAIS...
CUL DE SAC !!!
LES MITRAILLEUSES EN FACE !!!
ÇA NE SERT À RIEN ! ILS SONT HORS DE PORTÉE MAIS NOUS PAS !!!
TAC TAC RATATATA TATA TAC
TATATA TAC
SUR LA DROITE, UN PRÉ ABRUPTE !...
TAC.TAC.TAC
AAAH !!!
UNE PREMIÈRE BALLE ME TRAVERSE LA FESSE DROITE...
...AVANT D'EXPLOSER À QUELQUES CENTIMÈTRES DE MA COLONNE VERTÉBRALE !
AC.TAC.TA
J'AVAIS L'ÉTRANGE SENSATION D'ÊTRE LE SPECTATEUR DU CAUCHEMAR QUE NOUS ÉTIONS EN TRAIN DE VIVRE...
DES ÉCLATS DE BALLES AVAIENT DÉCHIRÉ MES JAMBES. JE SENTAIS DU SANG COULER SUR TOUT MON CORPS...
... MAIS IL FALLAIT ME RELEVER ET COURIR, COURIR JUSQU'AU BOIS OÙ NOUS SERIONS SAUVÉS !
35

MAMAN !!!
PWIIII
PWIIII
FÉLIX !!!
IL EST MORT?
JE NE SAIS PAS! MAIS VIVANT OU MORT JE PORTERAI MON FRÈRE SUR MON DOS!!!
HÉLAS, IL FALLAIT BIEN ME RENDRE À L'ÉVIDENCE: MON FRÈRE ÉTAIT MORT!
COURAGE, PLUS QUE QUELQUES MÈTRES!
HALTE! VOUS TERRORISTES !..
FICHUS !!!
VOUS, BRAS EN L'AIR! DONNEZ SAC!
SCHNELL !!!
SCHNELL !!!
LE CHEF? OÙ EST LE CHEF?
TAC.TAC.TAC. TAC.
NOS AMIS RESTÉS PLUS BAS ÉTAIENT AUSSI SOUS LE FEU DE L'ENNEMI...
COCHON DE FRANÇAIS!
SCHOC
AH!
UN BRUIT ÉNORME EXPLOSA DANS MA TÊTE!..
36

JE RESTAIS DEBOUT AU PRIX D'UN ÉNORME EFFORT...
JE PRENAIS SOUDAIN CONSCIENCE QUE J'ÉTAIS SOURD DE L'OREILLE DROITE.
EN PASSANT DEVANT MON MALHEUREUX FRÈRE, JE NE PUS M'EMPÊCHER DE ME PENCHER VERS LUI...
L'EMBRASSER... UNE DERNIÈRE FOIS !...
VORWÄRTS, SCHNELL!!!*
*AVANCEZ, VITE !!!
NOUS SUBÎMES LEURS COUPS PENDANT TROIS QUARTS D'HEURE...
J'EN PROFITAIS POUR SAISIR MA GRENADE DANS MA POCHE, BIEN DÉCIDÉ À ME FAIRE SAUTER AVEC NOS TORTIONNAIRES.
DEBOUT !!!
JE GARDERAI LA TRACE DE CE COUP DE PIED PENDANT PLUSIEURS ANNÉES...
SIMULANT UNE SOUFFRANCE EXTRÊME, TITUBANT, SAIGNANT, JE CACHAIS MA GRENADE CONTRE MA POITRINE.
CLICK
VITE, JEAN, SUIS-MOI ! COURS !!!
?!...
37

Plus fort que la douleur, l'instinct de survie nous poussait à courir sur une pente terriblement raide.
BAOOOOM
Si raide que, perdant l'équilibre...
... je roulais sur moi-même......
AAAAH!
... sur une distance de 150 mètres...
... jusqu'à un chemin!
Les balles des mitrailleuses sifflaient autour de moi.
AAH!
JEAN!!!
BRATTATATACTACTACTACTAC
BRATTATATACTACBRATACTACTACTACTAC
AAH!
Une balle venait d'érafler ma tempe!
Ma seule chance : le ravin...

AAH!
CRAAC
CRAC
APRÈS UNE CHUTE DE 36 MÈTRES, JE ME RETROUVAIS MEURTRI, SANGUINOLENT MAIS VIVANT!
LES S.S. EN NE ME VOYANT PAS RESSORTIR VONT SÛREMENT TOUT FAIRE POUR ME RETROUVER MORT OU VIF!!!
UN ARBRE, DOMINANT À PRÈS DE QUARANTE MÈTRES DE HAUT, ATTIRA MON ATTENTION.
JE L'ATTEIGNIS APRÈS UNE LONGUE REPTATION, LA PLUS SILENCIEUSE POSSIBLE.
MON CORPS N'ÉTAIT PLUS QU'UN BLOC DE DOULEUR, MAIS LA RAGE DE SURVIVRE ÉTAIT PLUS FORTE QUE LA SOUFFRANCE!
AU PRIX DE TERRIBLES EFFORTS, J'ARRIVAIS À GRIMPER DE BRANCHE EN BRANCHE.
JE DEVAIS RESTER AINSI PERCHÉ PENDANT 14 HEURES!
SI J'ARRIVE À GRIMPER AU SOMMET, JE SERAI CACHÉ PAR L'ÉPAIS FEUILLAGE...
MAL À LA TÊTE, VERTIGE, FAIM, SOIF, ENVIE D'URINER... J'AVAIS L'IMPRESSION DE DEVENIR FOU!
ILS ME CHERCHENT! ILS NE RENONCERONT PAS TANT QU'ILS NE M'AURONT PAS PRIS, MORT OU VIF!...
33

À MINUIT, JE DÉCIDAI DE QUITTER MON ARBRE. MES DOIGTS ÉTAIENT TÉTANISÉS.
JE FUS OBLIGÉ DE LES DÉCRISPER AVEC MES DENTS...
IL ME FALLUT PRESQUE DEUX HEURES POUR REJOINDRE LE SOL !
DES SOLDATS ! ILS ARPENTENT LA ROUTE...
APRÈS UN LONG DÉTOUR POUR ÉVITER LES LIEUX HABITÉS ET LE RISQUE DE TOMBER SUR LES ALLEMANDS, JE REJOI-GNAIS LA FORÊT...
PEUX PLUS... FAUT QUE JE DORME !...
JE ME RÉVEILLAI TENAILLÉ PAR LA FIÈVRE ET UNE TERRIBLE SOIF...
... QUE J'ÉTANCHAI AVEC DE L'EAU DE PLUIE CONTENUE DANS UNE BOITE DE SARDINES ROUILLÉE TROUVÉE DANS L'HERBE.
LES GORGES DU NAN... LE MOYEN LE PLUS SÛR POUR REJOINDRE COGNIN...
JE VENAIS D'AMORCER MA DESCENTE VERS LE TORRENT DU NAN QUAND...
BRATACTACTAC
M.... !!!
TAC TAC TAC TAC
À NOUVEAU COURIR, SAUTER DE BUISSONS EN ROCHERS, DESCENDRE, REMONTER... COMBIEN DE TEMPS ENCORE SERAIS-JE CAPABLE DE RÉSISTER ?
40

SOUDAIN...
WHOUA! WHOUA! WHOUA!
BON SANG, ILS ONT DES CHIENS! DESCENDRE! PAS D'AUTRE SOLUTION!
LA DÉCLIVITÉ DE LA PENTE FRISAIT LES QUATRE-VINGTS POUR CENT...
GLISSANT, ME RATTRAPANT DE JUSTESSE, JE COMMENÇAI MA PÉNIBLE DESCENTE QUAND...
UNE AVALANCHE! J'AI DÉCLENCHÉ UNE AVALANCHE!!!
APRÈS UNE CHUTE DE QUATRE OU CINQ CENTS MÈTRES, J'ATTERRIS À CINQUANTE MÈTRES DU NAN.
APRÈS UNE COURSE EFFRÉNÉE DE ROCHER EN ROCHER, JE FINIS PAR SEMER MES POURSUIVANTS.
DANS L'EAU, LES CHIENS AURONT PERDU MA TRACE...
ENFIN À L'ABRI, JE POUVAIS BOIRE, LAVER MES BLESSURES, ME REPOSER.
À CETTE ÉPOQUE, J'IGNORAIS QUE TOUT HOMME APERÇU DEHORS ÉTAIT CONSIDÉRÉ COMME MAQUISARD PAR LES ALLEMANDS...
SANS ARMES, J'AI L'AIR D'UN PAISIBLE VILLAGEOIS... VRAI QUE MES HABITS SONT EN LAMBEAUX... UNE FERME!
PAR PRUDENCE, JE LA REJOIGNIS PAR DERRIÈRE... BIEN M'EN AVAIT PRIS!
OH! LA VACHE!...
UNE DIZAINE D'ALLEMANDS, TORSE NU, SE DORAIENT AU SOLEIL TANDIS QU'UNE FEMME DONNAIT À MANGER À UN VIEILLARD PARALYSÉ...
41

NE ME TRAHIS PAS, PAR PITIÉ !
REDESCENDRE ET RETOURNER AU TORRENT ! JE DOIS REGAGNER L'ISÈRE SI JE VEUX M'EN SORTIR !...
MAIS DÉCIDÉMENT LES ALLEMANDS ÉTAIENT PARTOUT !
HALT !!!
HALT !!!
COMPTE LÀ-DESSUS...
ENCORE UNE FOIS, J'ÉCHAPPAI À UN DÉLUGE DE BALLES.
TAC TAC TAC TAC TAC TAC TAC
ILS VONT FINIR PAR ME RETROUVER !
PLUS QUESTION DE RETOURNER AU TORRENT. J'OPTAI POUR L'ESCALADE D'UN RAIDILLON MENANT À UN BOSQUET...
... ET À DES FERMES.
À QUELQUES MÈTRES DE MOI, UNE FEMME M'OBSERVAIT EN SILENCE... MALGRÉ LA PRESSION DES ALLEMANDS, NI ELLE NI SON MARI NE ME TRAHIRONT...
AIMÉE, VEUX-TU VENIR ?
TU RISQUES UNE BALLE !
JE DEVAIS APPRENDRE PLUS TARD QUE CETTE FEMME S'APPELAIT MME MICHALLET.
42

Cris, coups de feu... Furieux de ne pas me retrouver, les Allemands tiraient sur tout et n'importe quoi.
À vingt-deux heures, je quittai ma cachette et à force de prudentes reptations, j'atteignis un champ de topinambours...
Dormir !...
Cocoricocoooo
Il y a une ferme pas très loin...
Il s'agissait de la ferme de Mr et Mme Buisson...
Je pus enfin manger. Ces braves gens soignèrent mes blessures les plus graves.
Vous ne pouvez pas rester là. Les Boches brûlent les maisons et tuent ceux qui hébergent des maquisards !
À nouveau, c'était la fuite.
Je ne traverserai jamais l'Isère, mieux vaut retourner chez les Buisson. Ils m'aideront sans doute à trouver une solution !
Venez, mais il faudra être parti avant le jour !
Promis.
Demain, allez chez notre voisine, Rose Cret. Son frère pourra peut-être vous aider !
Vous venez du Vercors. Ne restons pas là... Inutile de vous faire remarquer !
Mon frère Louis et ses amis reviennent en cachette la nuit à l'aide d'une barque.
Quand j'ai quelqu'un à faire passer, j'étends un drap dans ma grange pour les prévenir. Vous serez le vingt-huitième !
43

ROSE CRET M'INSTALLA DANS SA GRANGE.
NE BOUGEZ PAS DE LÀ... JE VAIS AU VILLAGE VOIR SI ON PARLE DE VOUS !
CETTE JEUNE FEMME ÉLEVAIT SEULE SON ENFANT ET SA PETITE SŒUR, TOUT EN ASSURANT LE TRAVAIL DE LA FERME.
À SON RETOUR, ROSE CRET RAPPORTAIT DE MAUVAISES NOUVELLES.
ILS VOUS CHERCHENT TOUJOURS... ILS BRÛLENT LES MAISONS... TIRENT SUR TOUT CE QUI BOUGE... J'AI PEUR POUR LES ENFANTS !
JE COMPRENDS, JE VAIS M'EN ALLER !
AU MILIEU DE CE CHAMP DE MAÏS, VOUS SEREZ EN SÉCURITÉ. JE VAIS PRÉVENIR MON FRÈRE ET LUI DIRE QUE VOUS ÊTES BLESSÉ...
TENEZ ! DE QUOI MANGER !
REPOSÉ, RASSASIÉ, JE COMMENÇAIS À REPRENDRE ESPOIR.
MAIS UN PEU PLUS TARD...
ILS VOUS CHERCHENT PARTOUT, DESCENDEZ VERS L'ISÈRE ! REVENEZ À LA TOMBÉE DE LA NUIT LÀ-BAS. JE RAMASSERAI DES SALADES DES CHAMPS !
AU LOIN, ON ENTENDAIT LE BRUIT DES BOMBES. PARFOIS UNE PATROUILLE M'OBLIGEAIT À ME CACHER...
IL VAUDRAIT MIEUX QUE JE DÉGAGE UN PASSAGE : ÇA FACILITERA MON EMBARQUEMENT EN PLEINE NUIT !
SOUDAIN AU MILIEU DES HERBES...
DES GRENADES ! SANS DOUTE OUBLIÉES PAR DES RÉSISTANTS !..
EN CAS DE CAPTURE, JE SERAI ARMÉ ET JE POURRAI ME DÉFENDRE !
44

À LA TOMBÉE DE LA NUIT...
PSST ! JE SUIS LÀ !...
ILS VIENDRONT CETTE NUIT...
QUELQUES HEURES PLUS TARD, SUR LES BORDS DE L'ISÈRE.
FUIIIIT ! QU'EST-CE QUE TU FOUS ?... T'ES LÀ ?
ON CROYAIT QUE T'AVAIS PAS ENTENDU !
JE ME MÉFIAIS : SI J'AVAIS EU AFFAIRE AUX BOCHES, J'AURAIS BALANCÉ MA GRENADE !...
ON L'A ÉCHAPPÉ BELLE, ALORS !
PRENEZ LES AUTRES : ELLES VOUS SERONT UTILES...
SALUT !
MON NOM C'EST LUCIEN BOUYOUD. MON FRÈRE ALBERT NOUS ATTEND SUR L'AUTRE RIVE !
ON VA T'EMMENER DANS UN ENDROIT SÛR OÙ TU POURRAS TE REPOSER ET TE RESTAURER.
LE VIN, LE FROMAGE, L'AMITIÉ DE CES HOMMES REMARQUABLES FINIRENT DE ME PERSUADER QUE MON ENFER ÉTAIT TERMINÉ.
TU DOIS ÊTRE FATIGUÉ. IL EST TEMPS DE DORMIR...
MAIS COMMENT EMPÊCHER LES IMAGES DE MORT ET DE DESTRUCTION DE NOUS ASSAILLIR ?...
LES S.S. ! NON !... FÉLIX !!!
45

AU PETIT MATIN, JE SUIS HABILLÉ DE PROPRE GRÂCE À LA GÉNÉROSITÉ D'ALBERT BOUYOUD.
OUF ! ÇA FAIT DU BIEN !...
JE VAIS TE CONDUIRE À VINAY. IL Y A LÀ-BAS UN DOCTEUR QUI TE SOIGNERA CORRECTEMENT !
AINSI, LE 3 AOÛT, APRÈS AVOIR ÉTÉ SOIGNÉ PAR LE DOCTEUR LUCQUET, JE PRENAIS L'AUTOBUS POUR ROMANS, AU NEZ ET À LA BARBE DES ALLEMANDS !
JE PENSE À MES COMPAGNONS MAXIME MAYET, CAMILLE LACOUR, À MON FRÈRE FÉLIX,
À JEAN CHEVAL, ANTOINE SANLAVILLE, JOSEPH GERVASONI, PIERRE GUIBOUT ET TOUS LES AUTRES, MORTS POUR QUE LES ENFANTS DE FRANCE GRANDISSENT DANS UN PAYS DE NOUVEAU LIBRE !
MOI, JE SUIS UN MIRACULÉ !
- ÉPILOGUE - RECONNU PAR REYMOND TONNEAU À LA LIBÉRATION, SARAILLON, TRAÎTRE ET RESPONSABLE DE LA MORT DE NOMBREUX RÉSISTANTS SERA ARRÊTÉ, JUGÉ ET CONDAMNÉ À MORT.
FIN
DEPUIS LA SORTIE DE SON LIVRE VERCORS... PAYS DE LA LIBERTÉ... HISTOIRE D'UN MIRACULÉ, REYMOND N'ARRÊTE PAS DE TÉMOIGNER !
TEXTE ET DESSINS NORMA D'APRÈS LE LIVRE DE REYMOND TONNEAU «VERCORS... PAYS DE LA LIBERTÉ... HISTOIRE D'UN MIRACULÉ».
COULEURS : FRANCK POIREAU